AF235871

Britisch Kurzhaar Katze Ratgeber

Alle wichtigen Infos zur BKH Katzen-
erziehung, Pflege, Ernährung, Krank-
heitsvorsorge und Haltung - inkl.
Tipps zur Anschaffung

Alexander Wendland

Die britische Samtpfote

Wir Menschen sind sehr gesellige Lebewesen und ständig auf der Suche nach treuen und loyalen Wegbegleitern. Diesen findet man glücklicherweise schnell in einem geliebten Haustier. Von keinem Menschen bekommt man so viel bedingungslose Liebe und Zuneigung geschenkt wie von einem eigenen Haustier. Tiere bringen eine riesige Menge Spaß, aber auch Arbeit mit sich. Sie bringen uns zum Lachen, sie lenken uns ab, wenn wir uns einsam oder schlecht fühlen, sie scheinen immer zu wissen, wie sie uns glücklich machen können, aber auch genau, wie sie uns auf die Palme bringen.

Die Hauskatze gehört weltweit zu den beliebtesten Haustieren. Sie ist im Vergleich zu vielen anderen Haustieren sehr pflegeleicht, sanftmütig und ruhig. Man muss sie nicht „Gassi" führen, es gibt keinen Stall oder Käfig, welcher regelmäßig zu reinigen ist, auch über mehrere Stunden kann man die Katze allein zu Hause lassen. Doch auch vor der Anschaffung einer Katze sollte man sich umfassend über die richtige Haltung informieren, denn auch, wenn es sich hierbei um relativ selbstständige und unabhängige Haustiere handelt, braucht auch die Hauskatze Pflege und Zuneigung.

In diesem Buch lernen Sie die Britisch Kurzhaar Katze (kurz: BKH) kennen. Sie ist für ihre unkomplizierte Art bekannt. Sie ist die Nummer eins der beliebtesten Katzenrassen und kann sowohl als Einzelkatze als auch mit weiteren Tieren gehalten werden, genauso ist sie sowohl mit Freigang als auch mit reiner Wohnungshaltung zufrieden. Die BKH ist anpassungsfähig, tolerant und unaufdringlich. Jedoch braucht besonders eine Britisch Kurzhaar Katze viel Aufmerksamkeit und möchte regelmäßig bespaßt werden. Die

BKH wird für ihre Anhänglichkeit, Geduld und Schönheit geschätzt. Sie ist ein richtiges Kuscheltier und liebt ihre Familie. Dankbar ist die BKH für jede gemeinsam verbrachte Minute. Sie ist geduldig im Umgang mit Kindern und eignet sich auch super als Katze für unerfahrene und ältere Menschen.

Im folgenden Buch finden Sie die wichtigsten Informationen für Ihr Zusammenleben mit einer Britisch Kurzhaar Katze.

Rassenporträt

HERKUNFT UND URSPRUNG DER BRITISCH KURZHAAR

Zum ersten Mal öffentlich präsentiert wurde die heute bekannte Britisch Kurzhaar im Jahre 1871 im vom britischen Architekten Joseph Paxton im viktorianischen Baustil entworfenen Ausstellungsgebäude „Crystal Palace" (zu Deutsch: Glaspalast). Die Rassekatze erfreute sich bereits damals großer Beliebtheit. Der Crystal Palace wurde ursprünglich im Hyde Park errichtet und nach Ende der ersten Weltausstellung nach Sydenham/London versetzt, wo er im Jahre 1854 erneut eröffnet wurde. Der Palast wurde im Jahre 1936 bei einem Brand leider vollkommen zerstört.

Der Ursprung der Britisch Kurzhaar ist nachverfolgbar bis ins Jahr 43 nach Christus und beginnt mit der Errichtung der ersten römischen Kolonie, unter dem römischen Herrscher Claudius. Die durch die Besetzer auf die Insel gelangten Katzen begannen, sich mit dort lebenden Wildkatzen zu vermischen und in ihrer neuen Heimat eigenständige und typische Merkmale der heutigen Britisch Kurzhaar herauszubilden.

Bedingt durch Kriege auf europäischem Boden ging die Population der BKH Katzen stark zurück, weshalb der Mensch in den frühen 1930er-Jahren eingriff und die Rasse durch Einkreuzen anderer Rassen verstärkte. Was sich heute vor allem im Körperbau und der dichten Unterwolle der uns bekannten BKH Katzen zeigt, ist der Einfluss der Gene der Perserkatzen. Die Britisch Kurzhaar ist von Inzucht in vorherigen Generationen stark betroffen. Eine der genetischen Vorbelastungen ist zum Beispiel der sehr kurze Darm, der die Verdauung von Produkten wie Kartoffeln, Nudeln, Reis, Mais und Weizen erschwert. Kohlenhydrate sollten bei einer Britisch Kurzhaar unbedingt vermieden werden!

Im 19. Jahrhundert wurde sowohl mit der gezielten Zucht der Tiere begonnen als auch mit Experimenten der Züchter, sowohl mit Fellfarben als auch mit weiteren Rassen. Der Typus der robusten, recht stämmigen und großen Kurzhaarkatze wurde jedoch stets beibehalten. Als erster bekannter, professioneller Züchter der BKH erlangte Herr Harrison Wier Bekanntheit. Die Namensgebung wird ebenfalls ihm zugeschrieben. Gezüchtet wurde die Britisch Kurzhaar ursprünglich, um Nagetiere aus Scheune und Haus fernhalten.

AUSSEHEN

Die Britisch Kurzhaar beeindruckt mit einem muskulösen, mittelgroßen Körperbau. Besonders Rücken, Schultern und Brust zeigen sich stark und kräftig, die Pfoten sind rund und relativ groß, der Schwanz kurz und am Ende abgerundet. BKH Kitten wachsen sehr langsam und sind erst im dritten Lebensjahr ausgewachsen. Das heißt aber auch im Umkehrschluss, dass sie lange Kitten bleiben und uns durch ihr verspieltes Wesen viel Freude bereiten. Gemäß dem FIFe-Rassestandard hat das Fell der Rassekatze kurz und dicht zu sein, mit einer feinen, griffigen Textur und einer üppigen Unterwolle. Das Plüsch-artige Fell besitzt keine andere Rassenkatze.

Farblich kommt sie heute in über 50 Variationen hervor. Zu den Vollfarben werden Weiß, Schwarz, Blau, Chocolate, Lilac, Cinnamon, Fawn, Rot und Creme gezählt, wobei Rot meist nur den Katern vorbehalten bleibt. Zudem kommen verschiedene Musterungen wie beispielsweise Bicolor und Point. Bei den Bicolor- und Point-Katzen werden die vorgenannten Vollfarben mit Weiß kombiniert. Als weiteres markantes Merkmal sind zudem die meist kupferfarbenen oder dunkelorangenen Augen zu nennen, die groß, rund und weit auseinander gesetzt sind. Blau, Grün und „odd eyed" (ungleich) sind weitere anerkannte Augenfarben.

CHARAKTEREIGENSCHAFTEN

Da es sich bei der Britisch Kurzhaar Katze um einen Spätentwickler handelt – sie ist in der Regel erst im dritten Lebensjahr ausgewachsen –, ist es vorteilhaft, wenn das Kitten möglichst lange bei dem Muttertier verweilt. Eine lange Mutter-Kind-Bindung wirkt sich positiv auf das Sozialverhalten und auf den Charakter der BKH aus.

In der Regel ist diese Rassekatze ihrer Menschenfamilie sehr zugewandt. Sie ist sehr reinlich und zeichnet sich durch ein ruhiges und ausgeglichenes Verhalten aus. BKH Katzen gelten als sehr menschenbezogen und freundlich. Sie sind sehr gesellig und nehmen den Umgang mit Kindern oder auch anderen Haustieren gern an.

Eine sich stark von anderen Rassekatzen abgrenzende Eigenschaft der Britisch Kurzhaar Katze ist wohl die fehlende Furcht vor Wasser. Zwar mag auch die schöne Britin nicht gebadet werden, doch ein Freigänger lässt sich auch nicht von Regen die Jagd vermiesen. Im Gegensatz zu vielen verschmusten Rassen lässt sich die Britisch Kurzhaar in der Regel nicht gern auf den Arm nehmen. Zwar ist sie für Streichel- und Kuscheleinheiten meist sehr dankbar, doch entscheidet letztendlich immer sie, wann es ihr genug ist. Auf einen Spaziergang im Arm ihres Halters kann die Samtpfote verzichten.

Eine wirklich liebreizende Eigenschaft der beliebten Britisch Kurzhaar Katze ist wohl ihre Tollpatschigkeit. Als große Akrobaten und Kletterer kann man die eher stämmigen Tiere nicht bezeichnen. Auch der Gleichgewichtssinn der Rassekatze scheint manchmal defekt zu sein. Machen Sie sich daher keine Sorgen, wenn Ihre Samtpfote bei einem Rennen gegen Stühle und Wände läuft oder hin und wieder von der

Fensterbank purzelt. Die BKH ist trotz ihres tollpat-
schigen Wesens ausgesprochen intelligent und kann
als Freigänger einen starken Jagdtrieb entwickeln. Sie
zeigt sich schnell als äußerst erfolgreicher Jäger, verlässt für die Chance einer Erbeutung allerdings gern
mal das nähere Umfeld. Dies erhöht allerdings die Gefahr von Unfällen oder Tierdieben, welche der Katze in
die Quere kommen.

Bei ausreichender Wohnungsgröße und genügend
Spielzeug wird sich die Rassekatze durchaus auch als
reine Wohnungskatze wohlfühlen. Fehlende Beschäftigungsmöglichkeiten verleiten Ihre Katze schnell zum
Vandalismus während Ihrer Abwesenheit. Ungenü-
gende Aufmerksamkeit wird sie durch rüpelhaftes
oder lautstarkes Verhalten abgelten.

Der britische Vierbeiner ist fremden Besuchern
gegenüber in der Regel erst einmal misstrauisch und
zurückhaltend und versucht, diesen aus sicherer Entfernung zu beobachten. Häufiges Eintreffen fremder
Menschen bedeutet für das Tier meist Stress und
Furcht. Sobald die Neugier aber überwiegt, wird sich
die Katze auch neuen Besuchern nähern. Ein Heim, in
dem ständiges Kommen und Gehen herrscht, eignet
sich daher eher weniger für eine Britisch Kurzhaar
Katze.

Die BKH versteht sich gut mit anderen Artgenossen oder Tierarten und fungiert hier gern mal als Spielleiter. Durch ihre gesellige Art kann die Katze auch relativ gefahrlos mit Hunden oder Kaninchen gehalten werden. Auch auf einem Bauernhof findet eine Britisch Kurzhaar ein schönes Lebensumfeld.

Lebt die BKH als Einzelkatze in der Wohnung, so sollten gemeinsame Spielstunden auf Ihrem Tagesplan stehen. Da die Rassekatze leicht zu Übergewicht neigt, sollte mit ausreichend Abwechslung gegen die Trägheit des Tieres angegangen werden. Der Stubentiger ist generell eher nicht sehr aktiv, folgt ihrem Halter aber liebend gern auf Schritt und Tritt. Die BKH genießt die Nähe zu Ihnen und wird von Anfang an versuchen, mit im Bett zu schlafen. Wenn dies nicht unbedingt Ihren Wünschen entspricht, sollten Sie Ihrer Katze aber einen Schlafplatz in Ihrer Nähe anbieten. Die Britisch Kurzhaar Katze genießt die Nähe zu ihren Menschen besonders während des Schlafes, da sie sich dann geschützt fühlt, gleichzeitig aber auch jede Bewegung mitbekommt.

Häufige Krankheiten & Vorsorge

RASSETYPISCHE KRANKHEITEN

Die Britisch Kurzhaar hat mit bis zu 18 Jahren eine eher hohe Lebenserwartung. Eine Katze gilt ab etwa elf Jahren bereits als Senior. Mit durchschnittlich 18 Jahren bereitet uns die Britisch Kurzhaar daher vergleichbar lange Freude. Um die gegebene Zeit möglichst sorgenfrei genießen zu können, ist es wichtig, Ihre Samtpfote regelmäßig untersuchen und impfen zu lassen. Die folgend aufgeführten rassetypischen Krankheiten können durch Früherkennung direkt richtig behandelt und das Leben der BKH verlängert oder zumindest angenehmer gestaltet werden.

Leider kommt es bei der Britisch Kurzhaar Katze häufiger zur hypertrophen Kardiomyopathie, einer Herzkrankheit, welche eine lebenslange Medikamentengabe fordert. Festgestellt wird dies durch Fachtierärzte, durch die sogenannte Sonografie, ähnlich einer Ultraschalluntersuchung. Gehen Sie regelmäßig mit Ihrer Katze zu Kontrolluntersuchungen bei Ihrem bekannten Tierarzt, beim Abhören der Herztöne kann die Krankheit schnell entdeckt und entsprechend behandelt werden. Sollte Ihr Tierarzt ungewöhnliche Geräusche wahrnehmen, so wird dieser Sie umgehend an eine Fachklinik überweisen, wo eine Sonografie durchgeführt wird.

Die Katze hat dabei keinerlei Schmerzen und muss nur in manchen Fällen und auch nur an einer kleinen Stelle rasiert werden. Es handelt sich dabei um eine kurze Ultraschalluntersuchung sowie eine anschließende Nachbesprechung. Sollte ein Herzfehler erkannt werden, so wird der Arzt mit Ihnen das weitere Vorgehen besprechen. Kleinere Herzfehler wie beispielsweise eine sich nicht richtig schließende Herzklappe müssen meist nur bei Verschlechterung medikamentös begleitet werden, sollten aber jährlich kontrolliert werden, um eine Verschlechterung rechtzeitig feststellen zu können. Die Kosten einer Sonografie betragen etwa 200 Euro und sollten unbedingt investiert werden, wenn ein auffälliges Herzgeräusch festgestellt werden konnte.

Eine ebenfalls häufig vorkommende Krankheit ist die sogenannte Polycystic Kidney Disease. Hierbei handelt es sich um Zysten, welche sich an der Niere festgesetzt haben. Diese Zysten können Sie sich wie mit Flüssigkeit gefüllte Bläschen in den Nieren vorstellen. Die Krankheit trifft meist junge Katzen und zeigt sich leider kaum durch Symptome. Auch hier ist eine Sonografie zur Diagnostizierung notwendig. Die Sonografie kann auch vorsorglich durchgeführt werden und ist mit Kosten um die 200 Euro auch wohl lohnenswert, wenn damit spätere Beschwerden rechtzeitig erkannt und behoben werden können, bevor die Katze leiden muss.

Bei den beiden vorgenannten Krankheiten handelt es sich jeweils um eine Erbkrankheit, weshalb es besonders ratsam ist, nach den Krankheitsgeschichten der Elterntiere zu fragen. Aber auch, wenn diese nicht betroffen waren, kann es zum Erkrankungsfall kommen, wenn sich eine betroffene Katze in den Stammbaum geschlichen hat. In der Zucht eingesetzte Katzen sollten daher vorher zur Sicherheit zum DNA-Test geführt werden. Ein seriöser Züchter kann Ihnen dies belegen.

Wegen der stattlichen Körpergröße der Britisch Kurzhaar Katze kann es auch öfter zu Gelenkproblemen kommen.

TIERARZTROUTINE

Wie auch wir Menschen muss unsere kleine, vierbeinige Britin regelmäßig zum Arzt.

Wenn Sie sich für die Haltung einer Katze entscheiden, so sollte Sie Ihr erster gemeinsamer Weg zum Tierarzt führen. Beim ersten Check-up können bereits viele Krankheiten ausgeschlossen und Ihnen und Ihrer Katze kann somit viel Ärger erspart werden. Bei Erstanmeldung werden Sie gebeten, die Rasse anzugeben. Sodann weiß der Tierarzt auch, nach welchen rassetypischen Krankheiten er zu suchen hat. Zähne, Augen und Ohren werden in der Regel bei jedem Arztbesuch kontrolliert. Sie sollten aber auch selbst auf Veränderungen oder starke Schmutzansammlung achten.

KLEINER GESUNDHEITSCHECK FÜR ZU HAUSE

Es gibt viele Möglichkeiten, die Gesundheit Ihres kleinen Tigers auch selbst zu Hause im Auge zu behalten. Hier bietet es sich sehr an, mit Ihrer Britisch Kurzhaar von Beginn an einen regelmäßigen Check-up zu erarbeiten. Hilfreich ist es natürlich, wenn Sie das Ganze wie ein Spiel aufbauen, sodass Ihre Katze sich immer wieder neu darauf freut.

So können Sie vorgehen:

• Fast jede Katze liebt Streicheleinheiten! Während des Streichelns können Sie so den ganzen Körper abtasten. Gibt es spürbare Unreinheiten auf der Haut oder ist das Fell fettig oder schuppig?

• Um das Gebiss Ihres Lieblings zu prüfen, sollten Sie ein Spielzeug zu Hilfe nehmen. Welche Katze beißt nicht gern in ihr Lieblingsspielzeug? Prüfen Sie hier, ob das Zahnfleisch eine gesunde hellrosa Farbe zeigt und die Zähne fleckenrein sind. Rote Zahnfleischränder können auf Entzündungen hinweisen und sollten vom Tierarzt beseitigt werden. Ein weiteres Anzeichen für nötige Behandlungen ist starker Mundgeruch, auch hier lohnt es sich oft, den Tierarzt darauf hinzuweisen.

• Etwas schwieriger wird es dann bei der Kontrolle der Ohren. Leider lassen sich Katzen nicht gern an den Ohren rumspielen. Sie sollten Ihre Katze regelmäßig damit konfrontieren, damit sie sich daran gewöhnen kann und keine Angst vor dem Vorgang entwickelt. Sehen Sie nach, ob die Ohrmuschel sauber ist. Sollten Sie doch kleinere Unreinheiten feststellen, können Sie diese vorsichtig mit einem weichen Taschentuch entfernen. Sind die Ohren stark verschmutzt oder sitzt der Schmutz schwer zugänglich, sollten Sie auch hier einen Tierarzt aufsuchen. Kleine Verletzungen am Ohr sind nicht selten, diese sollten Sie aber wegen der Infektionsgefahr im Auge behalten. Säubert sich die Katze verdächtig oft selbst die Ohren oder wackelt ständig mit ihnen, könnte sich Wasser oder ein Haar in das Katzenohr verirrt haben.

• Der Analbereich sollte ebenfalls sauber sein, es sollten sich keine Rückstände im Fell befinden. Da das Fell der Britisch Kurzhaar sehr dicht ist, sollte auch dies mindestens einmal wöchentlich geprüft werden. Denn auch, wenn sich Katzen bekanntermaßen selbst reinigen, fehlt es ihnen doch häufig an Möglichkeiten, sich von im Fell verklebten Verschmutzungen zu befreien. Katzen sind sauberkeitsvernarrt und leiden sehr unter Unreinheiten.

• Die wunderschönen farbigen Augen einer Britisch Kurzhaar sollten immer glänzen. Im Alter werden auch diese natürlich etwas trüber, achten Sie dennoch auf ungewöhnliche Veränderungen. Sollte sich beispielsweise ein weiß-grauer „Schleier" bemerkbar machen, sollten Sie umgehend einen Tierarzt aufsuchen. Grauer wie auch Grüner Starr können leider auch unsere Haustiere treffen. Wenn Sie das Augenlid leicht herunterziehen, sollte die Bindehaut zartrosa und nicht geschwollen sein. Leichte Verkrustungen der über den Tag abgesonderten Augenflüssigkeit sind kein Grund zur Sorge und können mit einem weichen Tuch vorsichtig entfernt werden. Sollte sich ungewöhnlich viel Kruste bilden oder das Auge chronisch tränen, sollten Sie dies Ihrem Tierarzt erklären.

Die Ursache könnte ein gereiztes Auge sein, was zwar meist harmlos ist, allerdings auch auf ernsthafte Erkrankungen, wie beispielsweise Katzenschnupfen hinweisen kann. Sollte der Augenausfluss vermehrt schleimig sein, das Auge verschleiert oder verklebt, könnte auch dies auf eine Entzündung hinweisen. Mit häufigem Zukneifen der Augen könnte Ihr Tier Ihnen versuchen mitzuteilen, dass es sich unwohl fühlt oder unter Schmerzen leidet. Die Anzeichen einer Augenerkrankung sind meist gleich wie die der Menschen, allerdings kann die Katze bemerkbare Schmerzen nicht ansprechen, achten Sie daher auf die Körpersprache Ihres Lieblings.

WANN IST DER BESUCH BEIM TIERARZT ANGERATEN?

Wie vorstehend bereits erklärt, sollte ein Tierarztbesuch eingeplant werden, wenn Sie starken Mundgeruch, gerötetes Zahnfleisch oder starke Verschmutzungen im Ohr wahrnehmen. Ohrmilben sind beispielsweise keine Seltenheit und sehr unangenehm für Ihre Britisch Kurzhaar. Verweigert das Tier mehr als zwei Tage die Nahrungsaufnahme, ist der Tierarztbesuch dringend notwendig! Auch bei schwerem Durchfall oder Erbrechen sollten Sie dies untersuchen lassen.

Leider werden immer wieder Giftköder von Hundehassern ausgelegt, an welche auch schnell eine Katze gerät. Schaukelhaftes Laufen, extreme Schlappheit, apathisches Verhalten oder starkes Erbrechen können auf die Aufnahme von Gift hindeuten und bedürfen schnellstmöglicher Behandlung. Ein Flohbefall macht sich durch krümelartige, schwarze Substanzen im Fell oder chronisches Kratzen der Katze bemerkbar.

Häufiges Niesen, tränende Augen oder eine tropfende Nase sollten ebenfalls abgeklärt werden.

Bei starkem Fieber oder Schaum vor dem Mäulchen sollten Sie auf der Stelle den Tierarzt aufsuchen. Ebenso bei entzündeten Wunden, welche sich durch weisliches Wundsekret oder rote Wundränder zeigen.

IMPFUNGEN

Hier unterscheidet man zwischen reiner Hauskatze und einer Katze mit Freigang. Beide werden jährlich geimpft, der Unterschied liegt in der Anzahl der Spritzen bzw. Wirkstoffe. Leben mit Ihnen sowohl Freigänger als auch reine Hauskatzen, so sollten auch die Stubentiger alle Impfungen erhalten, um sich nicht durch einen Freigänger, welcher sodann als Zwischenwirt dient, anzustecken.

Die zwei wichtigsten Impfungen betreffen Katzenschnupfen und Katzenseuche und sollten grundsätzlich jeder Katze in regelmäßigen Abständen verabreicht werden. Auch Hauskatzen können hieran erkranken.

Ihr Tierarzt kann Sie zu den einzelnen Impfungen umfassend beraten. Je nach Wohngebiet gibt es weitere empfehlenswerte Impfstoffe, welche individuell abgeklärt werden sollten. Im Folgenden gebe ich Ihnen einen Überblick über die wichtigsten Impfungen:

• Katzenschnupfen:

Sammelbegriff für Atemwegserkrankung verursacht durch verschiedene Erreger (Feline Calici-Virus und Feline Rhinotracheitis (Herpes-) Virus). Bakterien wie Chlamydien und Bordetellen können ebenfalls eine Rolle bei der Infektion spielen. Genesene Katzen können noch über Jahre hinweg Virusträger bleiben. Die Krankheit ist für den Menschen nicht ansteckend, unter Katzen leider weitverbreitet. Es handelt sich hierbei um eine Tröpfcheninfektion und kann daher durch Niesen der Katze oder direkten Kontakt mit infektiösem Sekret übertragen werden. Erkennbare Symptome: eitriger Augen- und Nasenausfluss, Husten/Niesen, Fieber, Geschwüre auf der Zunge oder Nahrungsverweigerung. Eine lebensbedrohliche Lungenentzündung kann sich in schweren Fällen entwickeln, ist aber eher selten.

• Katzenseuche:

Hochansteckende Viruserkrankung, extrem widerstandsfähiges Virus. Besonders für junge Katzen lebensgefährlich. Das Virus haftet an jeglichen Gegenständen, mit denen die infizierte Katze in Kontakt kommt, und lässt sich kaum lösen. Sollten nicht sämtliche betroffene Gegenstände ausgetauscht werden, besteht noch bis zu einem Jahr für Ihre Katze die Gefahr, erneut zu erkranken. Auch wir Menschen können als indirekte Überträger fungieren. Die Ansteckung erfolgt hauptsächlich durch infizierten Kot. Erkennbare Symptome: hochgradiges Fieber, Erbrechen und chronischer Durchfall und Abgeschlagenheit.

• Tollwut:
Viruserkrankung, greift Nervenbahnen und Gehirn an. Die Erkrankung endet immer tödlich. Sie gilt als eine der gefährlichsten Zoonosen und stellt eine enorme Gefährdung für Mensch und Tier dar. Die Infektion ist in Deutschland anzeigepflichtig. Eine Behandlung erkrankter Tiere ist sogar gesetzlich verboten. Ein ungeimpftes, infiziertes Tier muss bei begründetem Verdacht umgehend eingeschläfert werden. Das Virus gelangt über Nervenbahnen ins Gehirn des erkrankten Tieres und führt zu Wesensveränderungen der Katze, Schluckbeschwerden und Speichelfluss. Aggressivität und Muskellähmungen sowie Koma und letztendlich das Versterben des Tieres sind die Folge der Infektion. Eine Impfung sollte daher – auch bei Hauskatzen – jährlich erfolgen!

- Katzenleukämie:

Viruserkrankung, kommt nur bei Katzen vor. Die Krankheit kann bereits im Mutterleib oder durch die Muttermilch an das Kitten übertragen werden. Direkter Kontakt, Bissverletzungen und durch infizierte Katzen genutzte Näpfe können das Virus übertragen. Die Erkrankung ist nicht leicht erkennbar. Selbst infizierte Katzen erscheinen über Jahre gesund, aber auch eine nur vorübergehende Erkrankung ist nicht selten. Folgen der Erkrankungen können Tumorbildungen, Immunschwäche, Mattigkeit, Fieber und Zahnfleischentzündungen sein. Auch zu Fruchtbarkeitsstörungen kann es kommen. Durch die Immunschwäche ist die betroffene Katze auch durch ansonsten harmlose Krankheiten großer Gefahr ausgesetzt. Vor der Injektion des Impfstoffes sollte durch eine vorherige Blutuntersuchung geprüft werden, ob die Katze eventuell bereits infiziert ist.

GRUNDIMMUNISIERUNG

Unter der Grundimmunisierung versteht man die Kombination der Erstimpfung mit der Auffrischungsimpfung. Diese sollte im Normalfall bei jedem Kitten im Alter von etwa acht Wochen durchgeführt und nach etwa drei bis vier Wochen aufgefrischt werden. Wie vorstehend erwähnt, sollte jede Katze gegen Katzenschnupfen und Katzenseuche immunisiert werden, vor einer Impfung gegen Katzenleukose sollte sicherheitshalber ein kurzer Bluttest durchgeführt werden, um auszuschließen, dass das Tier bereits Träger des Virus ist. Die Katzenleukose-Impfung wird für alle Katzen mit Freigang angeraten. Freigänger sollten auf jeden Fall gegen Tollwut geimpft werden, genauso alle im gleichen Haushalt lebende Tiere. Ungeimpften Katzen droht bei Tollwutanzeichen die Einschläferung!

Der Impfschutz wird durch jährliche Nachimpfung jeweils aufrechterhalten. Zum Impftermin sollte die Katze gesund und munter sein.

Bei den jährlichen Impfterminen sollten Sie auch stets einen kleinen „Check-up" Ihrer Britisch Kurzhaar verlangen, um Krankheiten frühzeitig zu erkennen und behandeln zu können. Ein guter Tierarzt wird dies jedoch sowieso einplanen. Eine vorsorgliche Sonografie zu Anfang kann Ihnen und Ihrer BKH ebenfalls Sicherheit für die Zukunft geben.

WURMKUR, ZECKENSCHUTZ - UND FLOHVORSORGE

Die Wurmkur sollte ein- bis zweimal im Jahr verabreicht werden, bei einer reinen Hauskatze kann der Zeitraum zwischen den Kuren auch mal etwas länger sein. Bei Freigängern sollte dies jedoch in jedem Falle regelmäßig erfolgen. Gerade bei unseren Mäusejägern ist das Infektionsrisiko hoch. Die Wurmkur erhalten Sie vom Tierarzt in Pasten- oder Tablettenform.

Ein Zeckenschutz- und Flohvorsorgemittel sollten Sie sowohl Freigängern als auch Wohnungskatzen auftragen, da auch der Mensch an Schuhen oder Kleidung Zecken oder Flöhe mit in das Heim der Katze bringen kann. Sie erhalten beide Mittel sowohl bei Ihrem Tierarzt als auch in jeder Apotheke. Je nach Jahreszeit und Aufkommen kann ein rein pflanzliches Zeckenschutzmittel nicht mehr ausreichend. Lassen Sie sich hier von Ihrem Tierarzt beraten, bevor Sie zu chemischen Mitteln greifen. Die Gesundheit der Katze sollte immer oberste Priorität haben. Jedes Mittel sollte jedoch so aufgetragen werden, dass Ihre Samtpfote bei ihrer täglichen Fellreinigung nicht an die betreffende Stelle gelangt. Die meisten Präparate werden auf die Nackenhaut geträufelt und sind somit bestens platziert.

KRALLENPFLEGE

Im Normalfall sorgt eine Katze durch Kratzen an Kratzbaum etc. selbst für die ausreichende Pflege ihrer Krallen. Hin und wieder sollten Sie aber dennoch kontrollieren, ob die Krallenspitzen auch im eingefahrenen Zustand hervorstehen und somit Ihre Katze behindern. Um zu vermeiden, dass die BKH ständig irgendwo hängen bleibt, wie an Teppich oder Couch, sollten Sie in diesem Fall mit einer Krallenzange nachhelfen. Knipsen Sie nur die äußerste Spitze der hervorstehenden Kralle ab. Gehen Sie da bei vorsichtig und behutsam vor, da sich die schmerzempfindlichen Nerven direkt unter der abzuknipsenden Krallenspitze befinden. Es ist ratsam, sich bei dem ersten Abknipsen von einem Tierarzt helfen zu lassen. Sollte Ihre Katze dies zulassen, können Sie die betreffende Kralle auch mit einer weichen Nagelfeile stutzen.

FELLPFLEGE

Wöchentliches Bürsten des kuscheligen Fells der wunderschönen Britisch Kurzhaar ist trotz der dichten Unterwolle völlig ausreichend. Die Katze pflegt Ihr Fell täglich selbst. Lediglich in den Monaten des

Fellwechsels sollten Sie häufiger mit der Bürste nachhelfen. Im Vergleich zu anderen Rassen haart die Britisch Kurzhaar trotz kurzem Fell relativ stark. Bürsten Sie nicht gegen den Strich! Die Unterwolle kann so leicht ausgerissen werden, zudem kann sich dadurch das Fell statisch aufladen und fügt Ihrem Vierbeiner somit Schmerzen zu. Ein Duschen oder Baden der Katze ist nicht nötig und wird von dieser wohl auch nicht akzeptiert werden. Bei hartnäckigen Verschmutzungen sollten Sie die Stelle mit einem feuchten und seifenfreien Tuch unter Zuhilfenahme der Bürste reinigen. Das Fell der BKH ist zwar wasserabweisend, trotzdem sollten Sie Ihren Freigänger abtrocknen, wenn er durch einen Regenschauer gerannt sein sollte.

KASTRATION

Egal, ob Hauskatze oder Freigänger, wenn Sie nicht züchten, sollten Sie Ihre Britisch Kurzhaar auf alle Fälle kastrieren lassen. Viele heranwachsende Katzen beginnen mit dem Markieren ihrer Umgebung. Dies trifft leider nicht nur die Katzentoilette, sondern auch Möbel, Kleidungsstücke, Tapete, Teppiche oder auch Geschirr. Der Geruch der Markierung ist kaum zu entfernen und mehr als unangenehm. Zudem steht dies meist in

Verbindung mit einer Veränderung des Charakters der Katze. Oft zeigen die unkastrierten Tiere schnell ein Dominanzverhalten gegenüber anderen im Haushalt lebenden Tieren. Sobald Ihre unkastrierte Britisch Kurzhaar alt genug ist, wird sie auch die Phase „Rolligkeit" erreichen. Hier schreit die Katze lauthals Tag und Nacht durch und lässt sich nicht beruhigen. Diese Situation zieht sich über Tage und stört auch direkte Nachbarn.

In dieser Zeit sind betroffene Katzen oftmals sogar aggressiv oder extremst anhänglich. Rollige Katzen essen häufig zu wenig und verlieren somit schnell an Gewicht. Auch für Ihre BKH ist es immer wieder anstrengend und ermüdend, diese Zeit durchzumachen. Bei einigen Katzen kommt es zu Fellausfall und kahlen Stellen am Körper. Durch die Freisetzung von Hormonen können darüber hinaus verschiedene Krankheiten entstehen. Eine Kastration einer Katze kann nicht durchgeführt werden, solange diese rollig ist. Die Rolligkeit tritt immer öfter und länger auf, sollte die Katze nicht kastriert werden.

Kastration eines Katers

Ein Kater wird in der Regel im Alter von sieben bis acht Monaten geschlechtsreif und ist ohne

Einschränkungen das ganze Jahr über sexuell aktiv. Die Kastration eines Katers ist eine kurze und einfache Operation unter Vollnarkose. Hierbei wird die Haut des Hodensacks mit einem sauberen Schnitt geöffnet und die Hoden vorsichtig entfernt. Nach einigen Tagen hat sich die Haut zurückgebildet, sodass ein Hodensack kaum mehr erkennbar ist. Die Operation dauert etwa fünfzehn Minuten und eine postoperative Versorgung ist in der Regel nicht erforderlich.

Ein Kontrolltermin nach ein paar Tagen sichert die richtige Wundheilung. Nach der erfolgreichen Operation wird der Kater das Markieren einstellen, zudem verliert sein Urin den charakteristischen üblen Geruch. Der Kater wird ruhiger und gemütlicher. Viele Kater verwandeln sich sodann in ein richtiges Kuscheltier. Auch das bei manchen Katern zu beobachtende Schreien nach Weibchen lässt allmählich nach. Durch die Kastration verändert sich der Stoffwechsel des Tieres, sodass weniger Nahrung benötigt wird. Um eine starke Gewichtszunahme nach der Kastration zu vermeiden, empfiehlt sich eine Ernährungsumstellung. Der Markt bietet eine große Auswahl an auf kastrierte Tiere eingestellte Nahrung an.

Eine Kastration sollte nach Eintritt in die Pubertät erfolgen. Der Tierarzt kann den Entwicklungsstatus in einem Untersuchungstermin feststellen und individuell entscheiden, wann der Kater operiert werden sollte. Eine zu früh durchgeführte Kastration kann das Wachstum einer Katze beenden oder stören. Dies wirkt sich auch auf die Entwicklung des Kopfes und der Krallen aus. Auch die Stimme des Tieres kann sich durch eine verfrühte Kastration verändern.

Kastrierte Katzen haben eine höhere Lebenserwartung, zudem sind sie weniger anfällig für Krankheiten wie Nierenerkrankungen. Hodenkrebs kann selbstverständlich komplett ausgeschlossen werden.

Kastration einer Katze

Eine Katze kann bereits im Alter von acht bis zehn Monaten Nachwuchs zur Welt bringen. Sie kann durchschnittlich zwei- bis viermal im Jahr trächtig werden und bringt ungefähr vier Kätzchen pro Wurf zur Welt. Die Versorgung einer trächtigen Katze sowie infolgedessen eines Muttertiers und ihrer Säuglinge ist sehr kostenintensiv und bedarf ganztägiger Aufmerksamkeit. Bei der Geburt kann es zu Komplikationen kommen, wenn beispielsweise ein Kätzchen zu groß ist oder falsch liegt. Die erste Geburt einer Katze geht selten problemlos vonstatten. Ein Kaiserschnitt ist meist die einzige Lösung und kann durch eine medizinische

Indikation einer Sterilisation der Katze benötigen. Leider ist es nicht immer möglich, allen Kitten das Leben zu retten.

Die Kastration einer Katze ist etwas komplizierter als die des Katers. Bei einer Katze handelt es sich um eine Bandoperation, welche die Entfernung der Eierstöcke und ggf. der Gebärmutter vorsieht. Im Gegenteil zum Kater muss die Katze postoperativ versorgt werden. Etwa eine Woche nach der Operation müssen die Fäden entfernt werden. Die Katze muss bis zur vollständigen Wundheilung davon abgehalten werden, sich die Wunde sauber zu lecken. Auch die Bewegung sollte in der ersten Zeit eingeschränkt werden, so soll das Springen oder Rennen vermieden werden, damit die Wunde in Ruhe abheilen kann.

Eine Katze sollte bereits im ersten Lebensjahr, jedoch erst, nachdem das Tier vollständig entwickelt ist, kastriert werden. Eine Voruntersuchung ist hier sehr wichtig. Während der Rolligkeit kann keine Kastration durchgeführt werden, da dies zu einem starken Blutverlust führen kann.

Kastrierte Katzen haben ein geringeres Risiko, an Krebs oder Myomen zu erkranken, zudem sind diese weniger launisch oder aggressiv. Die kastrierte Katze wird entspannter und liebevoller. Die

Ernährungsumstellung sollte direkt erfolgen, da besonders die kastrierte Britisch Kurzhaar zu Übergewicht neigt.

ÜBERGEWICHT

Übergewicht ist bei der BKH leider ein großes Thema. Besonders reine Hauskatzen kommen schnell in die Fülle. Auch wenn die Verweigerung von Leckerchen schwierig wirkt, sollten Sie darauf achten, dass Ihre vierbeinige Britin nicht zu viele davon zu sich nimmt. Die Ernährung sollten Sie ebenfalls überwachen. Die Futtermenge sollte sich stets nach Alter, Größe und Bewegungsrate Ihrer Katze richten. Vermeiden Sie weitestgehend die Gabe von Trockenfutter, sollte sich Übergewicht bemerkbar machen. Sorgen Sie für ausreichend Bewegung. Während sich ein Freigängerkätzchen durch Jagdaktivitäten fit hält, fehlt es Ihrer Hauskatze meist an ausreichender Aktivität. Hier hilft es bereits, wenn Sie sich täglich zehn bis fünfzehn Minuten spielerisch mit Ihrer Katze beschäftigen.

Ein Fang- und Jagdspiel mit beispielsweise Federstöckchen oder Spielangel ist hierbei ratsam. Eine fettleibige Katze hat eine geringere Lebenserwartung und fühlt sich nicht wohl. Im steigenden Alter sind

Unbeweglichkeit und Krankheiten wie beispielsweise ein Nieren- und Leberproblem oder Diabetes meist die leidvolle Folge. Katzen und Kater neigen besonders nach der Kastration zu Inaktivität und Übergewicht. Hier sollten Sie gezielt für Bewegung sorgen. Stellen Sie das Futter beispielsweise auf eine Erhöhung oder die Fensterbank, sodass Ihre Britisch Kurzhaar nur durch Bewegung zum Essen gelangt.

Erhöhen Sie die tägliche Spielzeit, wenn möglich, und versuchen Sie, die Katze zu zusätzlicher Bewegung zu motivieren. Im Alter verlangsamt sich der Stoffwechsel, das Futtermittel sollte immer an das Alter der Katze angepasst werden. Das Abwiegen der Portionen von Anfang an ist besonders bei der zu Übergewicht neigenden Britisch Kurzhaar Katze ratsam.

Haltung

AUSSTATTUNG

Zur Grundausstattung einer jeden Katze gehören:

• **Transportbox**: Hier empfiehlt sich gerade für Tierarztbesuche eine Box, die sich von oben durch einen großen Deckel öffnen lässt. Sollten Sie mehr als eine Katze halten, so sollten Sie eine Box pro Tier nutzen und nicht mehrere in eine setzen, da in Stresssituationen, wie beispielsweise während der Autofahrt, Gefahr besteht, dass sich die Tiere gegenseitig verletzen.

• **Futternapf und Wasserschüssel**: Stellen Sie Wasser und Futternapf nicht direkt nebeneinander, Katzen bevorzugen Wasserschüsseln, die sich nicht in unmittelbarer Nähe des Futters befinden,

- **Katzentoilette und Katzenstreu**: Hier empfiehlt es sich immer, eine Toilette mehr als Katze im Haushalt zu haben, vergessen Sie nicht ein Schäufelchen zu kaufen, ein nicht staubendes Streu ist immer zu bevorzugen. Zu feine Körnung bleibt in den Pfoten hängen und verteilt sich so in der ganzen Wohnung,

- **Kratzbaum**: Damit wird Ihre Katze sicher viel Spaß haben. Tipp: Wenn Sie Ihre Katze beim Zerkratzen von Möbelstücken erwischen, direkt stören und an den Kratzbaum setzen, um sie umzugewöhnen. Bitte achten Sie darauf, dass sich kein Spielzeug am Kratzbaum befindet, an welchem sich Ihr kleiner Liebling verletzen oder strangulieren könnte!

- **Kamm/Bürste**: Fellpflege ist sehr wichtig für eine Britisch Kurzhaar. Spätestens bei Fellwechsel braucht Ihr Vierbeiner Hilfe bei der Pflege,

- **Schlafplatz**: Katzen lieben Verstecke und Höhlen. Auch wenn die Katze lieber auf Couch oder Bett Platz nimmt, benötigt sie dennoch einen eigenen sicheren Bereich,

- **Spielzeug**: Sorgen Sie für Abwechslung. Kleine, weiche Bälle, plüschige Mäuschen oder Baldriankissen werden während Ihrer Abwesenheit sicher gern genutzt. Zum gemeinsamen Spielen eignen sich vor allem „Angeln" oder Federstäbe. Bitte achten Sie darauf, dass

Ihre Katze nicht ohne Aufsicht an Spielzeug gelangt, an dem sie sich verletzen kann, dazu gehört alles mit Schnur, Gurt etc. sowie Spielzeuge, die die Katze verschlucken könnte – also auch Gegenstände, die sich zerkauen lassen.

DAS RICHTIGE FUTTER

Die richtige Ernährung ist entscheidend für ein langes und sorgenfreies Leben Ihrer Britisch Kurzhaar. Legen Sie Wert auf hochwertiges, abwechslungsreiches Futter, ohne unnötige Zusätze. Die Kost sollte mit Vitaminen, Mineralien und Spurenelementen versetzt sein. Katzen sind reine Fleischfresser und sollten möglichst nicht vegetarisch ernährt werden. Die Zugabe von einigen Gemüsesorten stellt allerdings kein Problem dar. Allerdings sollten Sie darauf achten, dass eine Katze nicht alles verträgt, was wir Menschen zu uns nehmen.

Auch, wenn es für uns ziemlich unschön klingt, besteht die perfekte Nahrung für unseren kleinen Tiger aus kleinen Nagetieren, Vögeln und Insekten. Durch ein vielfältiges Futterangebot im Fachhandel können Sie das passende Futter finden. Etwaige Anzeichen von Unverträglichkeiten sollten Sie umgehend von einem Tierarzt überprüfen lassen. Verfüttern Sie überwiegend Alleinfuttermittel, da dieses im Gegensatz zu Ergänzungsfuttermittel unter anderem mit Taurin versetzt ist, welches für Katzen lebenswichtig ist. Achten Sie auf Abwechslung im Futternapf, denn auch Sie möchten nicht Tag für Tag das Gleiche essen müssen. Um Übergewicht zu vermeiden, sollte möglichst wenig Trockenfutter verfüttert werden.

Katzen beziehen den größten Teil ihres Flüssigkeitshaushaltes aus fester Nahrung, weshalb die Fütterung mit Nassfutter bevorzugt werden sollte. Der Feuchtigkeitsgehalt von Nassfutter beträgt in der Regel um die 80 Prozent. Beim Füttern von Trockenfutter müsste Ihr Vierbeiner dies mit Trinken ausgleichen, allerdings sind Britisch Kurzhaar eher trinkfaul.

BESCHÄFTIGUNG UND SPIELSACHEN

Die Britisch Kurzhaar ist der optimale Spielpartner für Menschen jeglichen Alters. Sie ist freundlich, sanftmütig und geduldig gegenüber Kindern und älteren Menschen. Sie ist sehr menschenbezogen und braucht genügend Zuwendung und Bespaßung. Durch Spielen und Rangeleien baut die Katze eine intensive Bindung zu ihrem Halter auf. Die Britisch Kurzhaar ist gern mit ihrem Halter bzw. mit ihrer ganzen Familie vereint. Sie wird Ihnen auf Schritt und Tritt folgen und so nah wie möglich bei Ihnen schlafen wollen.

Die BKH ist bekannterweise nur mäßig aktiv, wird aber äußerst gern beschäftigt. Sie zählt zu den intelligentesten Rassekatzen und bedarf daher ausreichender spielerischer Förderung. Ebenso gern genießt die Britin ausgiebige Streicheleinheiten.

Wenn Ihre Wohnung oder das Haus genügend Platz hergeben, sollten Sie Ihrer Katze eine Art Spielplatz zur Verfügung stellen, sodass sie sich selbst, aber auch mit Spielpartner vergnügen kann. Wichtig sind Rückzugsorte für Ihre Samtpfote. Hierfür können Sie Körbchen oder Höhlen aufstellen. Alles, was sich zum Verstecken eignet, wird von Ihrer Katze genügend Aufmerksamkeit erhalten. Räumen Sie die Gegenstände öfter um, dann ist für Abwechslung gesorgt.

Katzen lieben klettern und springen! Ein Kratzbaum ist unerlässlich. Des Weiteren können Sie das Spiel mit einer Art Kletterwand erweitern. Hierbei handelt es sich um Hängebrücken oder Holzvorrichtungen mit Stoffüberzug, welche sich an der Wand befestigen lassen. Versuchen Sie, die einzelnen Teile in verschiedenen Abständen und Höhen anzubringen, sodass es ein kleines Abenteuer wird, die Ebenen zu erreichen.

Mit Bällchen und kleinen Stofftieren kann sich die Katze super selbst beschäftigen, aber auch ihren Halter in das Spiel einbeziehen. Diese Spielsachen können durchgehend angeboten werden und sind – soweit es keine verschluckbaren Kleinteile gibt – auch ohne Aufsicht von der Katze benutzbar.

Um die Katze aktiv zu beschäftigen und gleichzeitig fit zu halten, eignen sich vor allem Spielangeln und Stöckchen. Finden Sie heraus, ob Ihre Britin lieber dem Spielzeug nachläuft, im Sprung fängt oder ihr Anschleichen trainieren möchte. Da die Verletzungsgefahr bei diesem Spielzeug ohne menschliche Aufsicht allerdings sehr hoch ist, sollten Sie das Spielzeug in einem Schrank verstauen, wenn die gemeinsame Spielzeit beendet ist.

Mit Baldrian- oder Katzenminzespielzeug kann Ihr Haustier den Geruchssinn trainieren. Die Gegenstände eignen sich auch hervorragend für ein Suchspiel. Nehmen Sie beispielsweise einen kleinen Karton, legen Sie ein Baldriansäckchen oder Leckerlis hinein und drehen Sie den Karton mit der Öffnung zum Boden hin, nun liegt es an der Katze, die duftenden Dinge zu finden. Dies fördert gleichzeitig die Geschicklichkeit und beansprucht das Denkvermögen des Tieres. Besonders im Alter sollten Sie diese Spiele wiederholen, um frühzeitig festzustellen, wenn der Geruchssinn allmählich nachlässt, zudem dient das Suchspiel als eine Art Gehirnjogging und beugt Demenz vor.

FREIGÄNGER ODER HAUSKATZE?

Ob Sie Ihrer Katze Freigang gewähren sollten, hängt ganz von den Gegebenheiten ab. Die Britisch Kurzhaar ist dafür bekannt, nicht unbedingt auf Ausgang zu bestehen. Sie sollten daher darauf achten, ob Ihre Britisch Kurzhaar Verlangen nach Freigang äußert. Miaut die Katze an Türen oder Fenstern oder versucht sie, durch offene Türen nach draußen zu gelangen?

Freigang sollte unbedingt vermieden werden, wenn Sie an einer viel befahrenen Straße wohnen oder bekannterweise bissige Hunde oder tollwütige Wildtiere in näherer Umgebung ansässig sind. Jeder Freigänger, ob Katze oder Kater, sollte unbedingt kastriert sein. In Deutschland gibt es eine Kastrationspflicht, die allerdings in jedem Bundesland unterschiedlich geregelt wird. Nach der Operation sollte die Katze selbstverständlich erst nach vollständiger Wundheilung nach draußen gelassen werden. Regelmäßige

Impfungen sind für Freigänger unerlässlich und sollten wie auch Wurmkur und Zeckenvorsorge nicht herausgezögert werden. Auch sollten Sie Ihre Katze vor dem ersten Ausgang von einem Tierarzt chippen lassen. Der kleine Mikrochip wird über eine Art Spritze oberhalb des Schulterblattes eingesetzt und sodann von Ihnen oder dem Tierarzt selbst registriert. Neben Tasso gibt es weitere Seiten, auf welcher Sie die Katze registrieren können. Die Registrierung ist wichtig, um Sie ausfindig zu machen, sollte die Katze aufgefunden werden. Ein nicht registrierter Chip ist leider nutzlos.

Ist die Katze bereits Freigänger und soll nach einem Umzug nochmals an den Freigang gewöhnt werden, sollten Sie darauf achten, dass sich das Tier bereits an die neue Wohnung gewöhnt hat. Ihr altes Zuhause sollte nicht zu nah sein, da die Katze sich eventuell dorthin begibt und durch die neuen Bewohner abgeschreckt wird. Dies könnte dazu führen, dass sich die Katze nicht mehr zurechtfindet und ihr Zuhause nicht mehr kennt. Die Eingewöhnungsphase nach dem Umzug sollte mindestens sechs Wochen betragen.

Neben den Gefahren des Freigangs hat dieser natürlich auch bemerkenswerte Vorteile für unseren Liebling. So kann die Katze im Vergleich zu den Stubentigern ihre natürlichen Instinkte wie Jagen,

Anschleichen und Lauern ausleben. Eine Freigänger-katze an reine Wohnungshaltung zu gewöhnen, ist beinah unmöglich und wird Ihre Britisch Kurzhaar auf längere Sicht merkbar unglücklich machen.

WIE GEHE ICH BEIM ERSTEN FREIGANG VOR?

Bevor Ihre Katze das erste Mal das Haus verlässt, sollten Sie die Futtermenge am betreffenden Tag verringern. Der Hunger wird Ihren Liebling schneller wieder nach Hause führen.

Die ersten Schritte nach draußen sollten Sie unbedingt gemeinsam gehen. Für Ihre Britisch Kurzhaar ist alles neu und Furcht einflößend. Sie sollten Ihr zeigen, dass sie Ihnen vertrauen kann. Vermeiden Sie schnelle Bewegungen oder laute Geräusche. Versuchen Sie, Ihre Katze so lange wie möglich in Ihrer Nähe zu halten, gern mithilfe von Leckerlis. Allerdings sollte hierbei kein Zwang zustande kommen, da die Katze sonst versucht ist, der Situation zu entfliehen. Halten Sie die Katze nicht auf, wenn sie sich davonschleicht. Sie soll nicht denken, dass sie direkt eingesperrt wird, wenn die Katze freiwillig zurückkommt.

Die ersten paar Tage sollten Sie gemeinsam mit Ihrer BKH den Garten erkunden. Lassen Sie der Katze ausreichend Zeit, sich an die Geräusche und verschiedenen Gerüche zu gewöhnen. Wenn Ihre Katze dies zulässt, ist es ratsam, der Katze in den ersten paar Tagen ein Geschirr samt Leine anzuziehen, damit sie bei Geräuschen nicht panisch weglaufen kann. Bitte ziehen Sie einer Katze niemals nur ein Halsband an, da sie sich hier leicht strangulieren kann!

Wann der richtige Zeitpunkt gekommen ist, Ihre BKH allein in den Garten zu entlassen, entscheiden Sie und Ihre Katze gemeinsam. Sie werden merken, ob Ihre Samtpfote weiterhin nur mit Ihnen das Haus verlassen möchte oder gar nicht abwarten kann, die Tür hinter sich zu lassen.

SOLLTE ICH EINE ZWEITKATZE NEHMEN?

Bei häufiger Abwesenheit, sei es berufs- oder auch krankheitsbedingt, ist es von Vorteil, gleich zwei Kätzchen zu adoptieren. Besonders die Britisch Kurzhaar benötigt Gesellschaft und ist ungern häufig allein. Die Entscheidung, ob Sie eine oder gleich zwei Katzen aufnehmen, sollten Sie direkt zu Anfang fällen, da die erfolgreichste Zusammenführung die zweier Geschwisterkitten ist. Die Katzen kennen sich bereits und befinden sich im gleichen Entwicklungsstadium. Ein Artgenosse macht das Aufwachsen und Umziehen in ein neues Zuhause für jedes Kitten einfacher.

Junge Katzen wollen stundenlang miteinander spielen, jagen und raufen. Sie helfen sich gegenseitig bei der Fellpflege und schenken einander das Gefühl der Sicherheit und Geborgenheit. Als vollzeitberufstätiger Halter sollten Sie sich direkt für ein Geschwisterpaar entscheiden, da es gerade in der Anfangszeit für eine junge Katze gar nicht infrage kommt, den ganzen Tag allein zu verbringen. Sie brauchen viel Aufmerksamkeit und Zeit zum Spielen.

Ein guter Züchter kennt seine Kätzchen und kann Ihnen genau sagen, welches Geschwisterpaar sich besonders gut versteht, und Ihnen diese gemeinsam vermitteln.

ZUSAMMENFÜHRUNG VON KATZE UND KITTEN

Haben Sie bereits eine Britisch Kurzhaar Katze und wollen einen neuen Job annehmen, der längere Abwesenheit mit sich bringt, oder möchten Sie einfach gern eine weitere kleine BKH zu sich nehmen? Die Zusammenführung einer erwachsenen, bereits im Haushalt lebenden Katze mit einem Kitten gestaltet sich etwas schwieriger als die Aufnahme eines Geschwisterpaares. Zunächst sollten Sie abwägen, ob Ihre erwachsene Katze noch agil und aktiv genug ist, um mit einem noch sehr verspielten neuen Artgenossen umgehen zu können.

Eine BKH im Seniorenalter ist schnell überfordert und eingeschüchtert. Sie wird sich zunehmend zurückziehen und fühlt sich eventuell von Ihnen im Stich gelassen, sie fühlt sich quasi ausgetauscht oder ersetzt.

Je nach Alter und Aktivität Ihres Lieblings sollten Sie sich überlegen, ob es nicht sinnvoller wäre, ein etwa gleichaltriges Tier in die Wohngemeinschaft aufzunehmen.

Bei der Zusammenführung zweier Katzen sind die Charaktere der Tiere der entscheidende Faktor. Um den häuslichen Frieden zu wahren, sollten die Katzen in ähnlicher körperlicher Verfassung sein und sich charakterlich nicht groß unterscheiden. Ist Ihre bereits vorhandene BKH zum Beispiel eine ruhige, schlafjagende Kuschelkatze, die Trubel und Lauten gern aus dem Weg geht, wäre es unpassend, ein extrem aktives Kätzchen dazuzugesellen. Die Wahrscheinlichkeit, dass sich diese beiden anpassen und anfreunden, ist relativ gering. Ist Ihr gewohnter Mitbewohner eher dominant und verspielt, darf auch der Neuzugang gern frech und durchsetzungsstark sein.

Ein junges Kätzchen befindet sich ungefähr bis zum Alter von drei bis fünf Monaten in einer Art Lernphase und kann somit von einer bereits vorhandenen älteren Katze noch nach deren Regeln erzogen werden. Ist diese Phase allerdings vorbei, wird ein älteres Tier wohl nicht mehr viel Einfluss nehmen können.

Haben Sie die Entscheidung gefasst, ein Kitten aufzunehmen, sollten Sie direkt beginnen, Ihre Fellnase auf den Neuzugang vorzubereiten. Bei dem Besuch des Kätzchens können Sie sich direkt vom Züchter ein nach dem Jungtier duftendes Spielzeug oder eine von dieser benutzten Decke mitgeben lassen. Legen Sie den Gegenstand einfach in Ihre Wohnung und lassen Sie Ihre vierbeinige Mitbewohnerin nach Belieben daran riechen, damit sich diese bereits an den Geruch gewöhnen kann.

Beim Einzug des neuen Mitbewohners sollten Sie dafür sorgen, dass ihr alteingesessener Gefährte der Situation vorerst fernbleibt, sodass sich das Jungtier in Ruhe umsehen kann. Es ist mehr als unwahrscheinlich, dass Ihre Britisch Kurzhaar das Kätzchen auf Anhieb akzeptiert. Ihre neue Samtpfote sollte sich zuerst bei Ihnen sicher fühlen, bevor Sie die beiden Tiger langsam aneinander gewöhnen. Stellen Sie daher einen eigenen Raum für das Kitten zur Verfügung, in welchen sie sich jederzeit zurückziehen kann.

Das erste Beschnuppern

Sie können einen mit Korb oder Deckchen gefüllten Katzenkäfig zur Hilfe nehmen. Setzen Sie das neue Kätzchen in diesen hinein und schließen Sie den Käfig zu. Nun öffnen Sie die Zimmertür, sodass auch Ihr bereits vorhandener Vierbeiner den Raum betreten kann. Nun geben Sie Ihrer BKH Gelegenheit, das neue Familienmitglied ungestört kennenzulernen und sich an die Situation zu gewöhnen. Vermeiden Sie Störungen oder Unterbrechungen. Sollte sich das Kätzchen fürchten, kann es sich jederzeit im geschützten Käfig zurückziehen.

Es ist wichtig, dass sich der Tagesablauf Ihrer bereits vorhandenen Britisch Kurzhaar nicht großartig ändert. Zeigen Sie ihr, dass der Neuling keinen Verlust der gewohnten Verhältnisse bedeutet. Schenken Sie Ihrer erwachsenen Katze weiterhin wie gewohnt Aufmerksamkeit und verwöhnen Sie sie mit Streicheleinheiten.

Sobald Katze und Kätzchen relativ ruhig und ausgeglichen erscheinen, können Sie beginnen, den Katzenkäfig des neuen Kätzchens auch in andere Räume zu stellen. Arbeiten Sie sich so gemeinsam von Raum zu Raum vor, bis sämtliches Areal Ihres erwachsenen Vierbeiners eingenommen wurde.

Das erste Treffen außerhalb des Katzenkäfigs sollte unbedingt unter genauer Aufsicht erfolgen. Richten Sie genügend Verstecke und Rückzugsorte für Ihre Vierbeiner ein, sodass sie jederzeit die Möglichkeit haben, die Situation zu verlassen. Lassen Sie sich nicht von kleineren Rangeleien beunruhigen, die Tiere müssen in dieser Anfangsphase ihre Rangordnung klären und sollten nur im Notfall unterbrochen und getrennt werden.

Bis sich die beiden Miezen in gemeinsame Spiele einbinden lassen, kann es Wochen oder sogar Monate dauern. Geben Sie beiden Tieren so viel Zeit, wie sie jeweils benötigen. Eine ängstliche Katze braucht in der Regel etwas mehr Zeit, um sich an die neue Lage zu gewöhnen. Versuchen Sie hin und wieder, Ihre beiden felligen Mitbewohner zum gemeinsamen Spielen zu motivieren, dann kommt keine der beiden zu kurz.

Grundsätzlich sollten beiden Vierbeinern jeweils eigene Wasser- und Futternäpfe sowie Katzentoiletten zur Verfügung stehen. Positionieren Sie diese an getrennten Stellen und schaffen Sie somit privat Bereiche. Genauso sollten Sie mit dem Spielzeug verfahren. Sorgen Sie dafür, dass jede Katze über eigenes Spielzeug und einen eigenen Schlafplatz bzw. Rückzugsort verfügt.

Zusammenführung gleichaltriger Katzen

Eine bereits über lange Zeit im Haushalt lebende Katze betrachtet die Wohnung in der Regel als ihr Revier und muss mit viel Geduld daran gewöhnt werden, ihr Areal mit einer weiteren Mitbewohnerin oder eines Mitbewohners künftig teilen zu müssen. Eine Katze mit eher dominanter Persönlichkeit wird versuchen, ihr Revier zu verteidigen. Es ist daher wichtig, vorab anhand der Charaktereigenschaften und Verhaltensweise beider Tiere richtig zu entscheiden, ob die Katzen zusammenpassen.

Sollte es sich um zwei Jungkatzen handeln, welche noch nicht das erste Lebensjahr erreicht haben, läuft die Zusammenführung normalerweise weitaus reibungsloser ab. Auch hier kommt es zu Beginn des Einzugs der zweiten Katze zu kleineren Rangeleien, doch meisten nähern sich die Tiere bereits nach wenigen Stunden einander an.

Hier können Sie abermals einen Katzenkäfig zu Hilfe holen, um die erste Beschnupperung so ruhig wie möglich durchzuführen. Jedoch ist es bei erwachsenen Tieren meist einfacher, mehrere Versteck- und Rückzugsorte in der Wohnung zu positionieren und die Katzen sodann einander beschnuppern zu lassen. Achten Sie aber unbedingt darauf, dass auch der Neuzugang bereits ausreichend Gelegenheit hatte, die Wohnung und insbesondere die möglichen Verstecke kennenzulernen.

BKH allein Zuhause

WIE LANGE KANN DIE KATZE ALLEIN BLEIBEN?

Die Britisch Kurzhaar ist besonders beliebt, da sie auch mal allein bleiben kann und sich somit auch für Vollzeitberufstätige als Mitbewohner eignet. Doch auch die BKH benötigt ausreichend Zuwendung und Beschäftigung. Eine sehr anhängliche Katze sollte maximal 24 Stunden allein gelassen werden. Selbständigere Katzen können auch in Ausnahmefällen einmal für 48 Stunden mit sich allein sein. Dies sollte aber nicht zur Gewohnheit werden! Bemerken Sie nach Ihrer Rückkehr, dass Ihre Samtpfote etwas „randaliert" oder umgeräumt hat, ihre

Fellpflege vernachlässigt oder kaum gegessen hat, sollten Sie längere Abwesenheit unbedingt vermeiden.

Sollte Ihre Katze während Ihrer Arbeitszeit täglich allein sein, so sollten Sie für genügend Abwechslung und Beschäftigungsmöglichkeiten sorgen. Freigänger können sich während Ihrer Abwesenheit in der Umgebung vergnügen, während sich Hauskatzen zunehmend langweilen. Kann Ihre Katze ohne Ihre Anwesenheit nach draußen, beispielsweise durch eine Katzenklappe, sollten Sie unbedingt versuchen, diese nach Ihrer Rückkehr nach drinnen zu locken, um nachzusehen, dass ihr während Ihrer Abwesenheit nichts zugestoßen ist. Ihnen muss klar sein, dass Ihr Freigänger angefahren oder sonst wie verletzt werden könnte, ohne dass Sie ihm Hilfe leisten können.

Ein unbeaufsichtigter Freigang an viel befahrenen Straßen sollte daher möglichst vermieden werden. Muss Ihr Freigänger also zu Hause ausharren, bis Sie zurückkommen, ist es äußerst wichtig, für Beschäftigung zu sorgen! Verstecken Sie Leckerlis, stellen Sie Spielzeug und Schlafplätze zur Verfügung und verwöhnen Sie Ihren Liebling mit einem angenehmen Fensterplatz, um ihr quasi Live-TV zu bieten. Empfehlenswert ist es, sich vor dem Verlassen des Hauses mit der Katze spielerisch zu beschäftigen, sodass sie danach vielleicht erst mal ein Schläfchen bevorzugt.

Sind Sie täglich mehrere Stunden abwesend und haben Sorge, dass Ihre BKH unglücklich ist oder gar trauert, sollten Sie sich eine Katzenkamera anschaffen. Diese gibt es bereits für wenig Geld und sie lassen sich einfach über das Handy bedienen. Wenn Sie bereits bei Anschaffung der Britisch Kurzhaar wissen, dass diese den Tag vorwiegend allein zu Hause verbringt, sollten Sie darüber nachdenken, sich zwei Katzen anzuschaffen. So ist ein Spielgefährte immer in der Nähe. Allerdings heißt dies auch doppelte Arbeit für Sie!

WIE GEWÖHNE ICH DIE KATZE ANS ALLEINSEIN?

Die ersten drei Wochen sollten Sie Ihre Katze nicht allein zu Hause lassen, auch nicht, wenn bereits andere Haustiere im Haushalt leben. So können Sie auch besser beobachten, ob sich die Katze der neuen Situation anpasst. Nach der Eingewöhnungsphase können Sie beginnen, Ihren Liebling Schritt für Schritt an das Alleinsein zu gewöhnen.

Am Anfang sollten Sie die BKH nur wenige Minuten allein lassen. Stellen Sie ihr hierfür wie gewohnt das Futter bereit und verlassen Sie sodann die Wohnung. Bleibt Ihr Vierbeiner ruhig, sollten Sie ihn auch entsprechend loben, damit Ihre Katze künftig weiß, dass alles in Ordnung ist, wenn sie allein ist. Sie sollten aber auch nicht sofort einschreiten, wenn Ihre Britisch Kurzhaar doch beginnen sollte zu jaulen. Macht sich die Katze unmittelbar bemerkbar, sollten Sie einen Augenblick abwarten, sodass sich Ihr Haustier selbst beruhigen kann. Sobald sie ruhig wird, sollten Sie zurück und Ihre Katze loben. Gehen Sie nicht direkt zurück, wenn Ihre Katze schreit, sonst lernt sie fälschlicherweise, dass Schreien und Betteln zu Ihrer Rückkehr führen.

Nun können Sie Tag für Tag das Wegbleiben um einige Minuten verlängern und Ihre Katze daran gewöhnen, dass Sie auch mal länger nicht bei ihr sein können. Bei erwachsenen Katzen, die das Alleinsein bereits gelernt haben und nun in einer neuen Umgebung nochmals daran gewöhnt werden müssen, erlernen dies meist um einiges schneller. Hier bedarf es in der Regel nur weniger Tage.

VORSICHTSMAßNAHMEN

Sobald die Eingewöhnungsphase gemeistert und das Alleinsein geübt ist, können Sie mit den Sicherheitsvorkehrungen beginnen. Die experimentierfreudige und aktive Britisch Kurzhaar neigt dazu, gern alles zu durchstöbern und zu erkunden. Hierbei kann es schnell zu Unfällen kommen, die Sie aber durch einige Sicherheitsvorkehrungen verhindern können.

Zu Beginn sollten Sie erst einmal alles aus dem Weg räumen, was schnell kaputtgeht und Ihre Katze verletzten könnte. Hierzu zählen insbesondere Blumentöpfe, Vasen, Gläser und alles, was bei einem Fall zersplittern könnte. Pflanzen werden gern angeknabbert und auch dies sollten Sie verhindern, indem die Pflanzen so platziert werden, dass auch eine gelangweilte Katze es nicht schafft, sie zu erreichen.

Sorgen Sie dafür, dass alle Fenster und Türen ausnahmslos geschlossen sind. Gekippte Fenster sind für Katzen lebensgefährlich! Sollte Ihr kleiner Tiger versuchen hinauszuklettern, wird er hängen bleiben und sich lebensgefährlich verletzten. Auch, wenn Sie zu Hause sind, sollten Fenster nicht unbeobachtet im gekippten Zustand verweilen.

Lassen Sie keine Essensreste liegen. Das Tier könnte so schädliche Stoffe aufnehmen oder sich an hartnäckigen Stücken verschlucken. Achten Sie darauf, dass der Müll unzugänglich ist. Der Geruch könnte den Vierbeiner anlocken und zum Herumknabbern animieren.

Prüfen Sie vor dem Verlassen der Wohnung, dass Ihrer Katze ausreichend Wasser zur Verfügung steht. Es empfiehlt sich, zwei Wasserschüsseln aufzustellen, falls Ihre Katze die erste Schüssel durch Spielereien umstößt. Bei täglicher längerer Abwesenheit sollten Sie über einen Futterautomaten nachdenken, welcher mit einer Zeitschaltuhr funktioniert. So verhindern Sie auch gleichzeitig, dass sich Ihr Vierbeiner mit einer Portion überfrisst.

Stellen Sie der Katze Spielmöglichkeiten zur Verfügung. Super geeignet ist zum Beispiel ein einfacher Karton, den die Katze über Stunden in Einzelteile zerlegen kann. Zudem eignet er sich super als Versteck. Der Kratzbaum sollte durchgehend zur Verfügung stehen.

ALLEINSEIN ÜBER NACHT

Sofern Ihre Katze das Alleinsein bereits gelernt hat, sollte es kein Problem sein, wenn sie eine Nacht allein verbringen muss. Achten Sie nur darauf, dass genügend Wasser erreichbar ist und Ihr Vierbeiner ein ausgewogenes Abendessen zu sich genommen hat.

BKH ÜBER WOCHENENDE ALLEIN LASSEN

Soll Ihre Katze das Wochenende allein bleiben, ist es wirklich ratsam, einen Futterautomaten zu besorgen, welcher mit Zeitschaltuhr funktioniert. Auch eine Katzenkamera kann dienlich sein, um sicherzustellen, dass sich keine Unfälle in Ihrer Abwesenheit ereignen. Auch hier ist es empfehlenswert, wenn Sie mehrere Wasserschüsseln aufstellen. Achten Sie auf eine angenehme Innentemperatur. Verstecken Sie ein paar der Lieblingsleckerchen Ihres Vierbeiners, um ihn mit einer Art Schnitzeljagd vorübergehend zu beschäftigen.

LÄNGERE ABWESENHEIT

Müssen Sie Ihren Liebling länger als drei Tage allein lassen, müssen Sie sich um einen Menschenersatz kümmern. Hier können Sie sich zwischen Katzensitter oder einem Pensionsplatz entscheiden. Für die Katze selbst ist es wohl angenehmer, in der bekannten häuslichen Umgebung zu verweilen. Eventuell können hier Familienmitglieder oder Freunde einspringen, die täglich Wasser und Futter austauschen und sich ein wenig mit Ihrem Stubentiger beschäftigen. Des Weiteren haben Sie an manchen Orten auch die Möglichkeit, einen Katzensitter zu bestellen. Sollten Sie diese Möglichkeiten nicht haben, so sollten Sie sich rechtzeitig an eine Pension wenden.

Ein Katzensitter kann über einen längeren Zeitraum gebucht werden. Er kommt täglich für einen gewissen Zeitraum vorbei und sieht nach, dass es Ihrer Katze gut geht. Im Vorhinein sollte bereits geklärt werden, wie viel Zeit der Katzensitter mit Ihrem Vierbeiner verbringt, weiter sollten Sie ihm genau erklären, welches Futter zu welchen Uhrzeiten verfüttert werden sollte. Lassen Sie sich unbedingt Fotos von Ihrem Liebling senden, um auch prüfen zu können, ob sich der Katzensitter wie vereinbart um Ihr Haustier kümmert. Ein guter Katzensitter ist nicht nur für die Fütterung zuständig, sondern verbringt auch etwas Spiel- und Kuschelzeit mit Ihrer Britisch Kurzhaar, um ihr das Alleinsein so erträglich wie möglich zu machen. Vereinbaren Sie bereits vor Ihrer Abreise einen Kennenlerntermin mit dem Sitter. Die Person sollte ruhig und vertrauenswürdig erscheinen und nicht ganz unerfahren im Umgang mit Katzen sein. Sollten Sie feststellen, dass Ihre Katze mit der Person nicht zurechtkommt, sollten Sie unbedingt einen anderen Katzensitter finden. Katzen haben meist eine bessere Menschenkenntnis als wir Menschen selbst.

Pensionsangebote finden Sie fast überall. Hier sollten Sie vorab die einzelnen Bewertungen von vorherigen Gästen auf unabhängigen Internetseiten prüfen. Besonders die schlechteren Bewertungen sollten Sie sich durchlesen. Eine gute Pension bietet ein Kennenlernen für die Tierhalter an, sodass Sie sich die Zimmer und die vorhandenen Tiere ansehen können, um sich ein eigenes Bild zu machen. Auch von der Pension können Sie Fotos Ihres Lieblings fordern, um festzustellen, dass es Ihrer Katze an nichts fehlt. Da sich die Katze dort in einem ungewohnten Umfeld aufhält, sollten Sie ihr auf alle Fälle das Lieblingsspielzeug und eine Decke mit heimischem Duft mitgeben. In der

Pension können Sie meist zwischen Gruppenzimmer und Einzelzimmer wählen. Ist Ihre Hauskatze keine anderen Tiere gewohnt oder alt und schwach, so ist wohl ein Einzelzimmer zu bevorzugen, um das Tier keinem unnötigen Stress auszusetzen. Ein Revierverhalten ist im Gruppenzimmer nicht zu erwarten, da dies von keiner Katze als ihr Revier angesehen wird. Das Leben in der Gruppe kann die Katze von Ihrer Abwesenheit ablenken und für Abwechslung und Aktivität sorgen. Auch den sozialen Umgang mit anderen Vertretern ihrer Art kann Ihre Katze somit lernen.

Seien Sie nicht besorgt, wenn Ihre Katze Ihnen Ihre Abwesenheit übelnimmt. Eventuell müssen Sie nach Ihrer Rückkehr ein paar Tage damit leben, dass Sie von Ihrem Liebling ignoriert werden. Aber in der Regel verzeiht Ihnen Ihr Stubentiger nach kurzer Zeit.

BESONDERHEIT: FREIGÄNGER ALLEIN LASSEN

Freigänger, welche zu jeder Zeit die Möglichkeit haben, sich draußen zu beschäftigen, können in der Regel länger allein gelassen werden. Allerdings ist es hier wichtig, dass regelmäßig jemand nach dem Gesundheitszustand der Katze sieht. Diese Person sollte der

Ihrer Britisch Kurzhaar allerdings bekannt sein, sodass sie nicht durch jemand Fremdes in ihrem Zuhause abgeschreckt wird. Haben Sie eine sehr anhängliche Katze, sollte der frei zugängliche Ausgang allerdings während Ihrer Abwesenheit geschlossen werden, da die Katze sich auf die Suche nach Ihnen machen könnte oder sich durch Ihre Abwesenheit nicht mehr mit dem Zuhause verbunden fühlt.

Anschaffungskosten und laufende Posten

Nicht nur die Anschaffung eines Haustieres, besonders einer Rassekatze, ist mit hohen Kosten verbunden, sondern auch die laufende Versorgung des Tieres. Mittlerweile gibt es viele Tierkrankenversicherungsangebote, die Sie im Notfall finanziell absichern. Die meisten Versicherungen übernehmen nur reine Operationskosten, sodass Sie weiterhin für Impfungen und auch die Kastration aufkommen müssen. Trotzdem sollten Sie über eine solche Versicherung nachdenken, denn beispielsweise ein Autounfall kann Operationen im Wert von mehreren Tausend Euro verursachen. Auch ein Angriff eines anderen Tieres oder einer anderen Katze kann schnellen Handlungsbedarf bedeuten. Zeit, um das nötige Geld aufzutreiben, bleibt da selten. Eine Tierversicherung bzw. OP-Schutzversicherung erstattet die aufgewandten Kosten einer nötigen Operation und hilft Ihnen somit, Ihren kleinen Liebling zu schützen.

ANSCHAFFUNG EINER REINRASSIGEN BRITISCH KURZHAAR

Eine reinrassige Britisch Kurzhaar mit Stammbaum finden Sie ausschließlich bei einem guten Züchter. Kitten bekommen Sie von diesem ab einem Wert von 900 Euro. Achten Sie darauf, dass Sie Ihre Katze von einem seriösen Züchter übernehmen. Lassen Sie sich auf jeden Fall die Elterntiere, insbesondere das Muttertier, zeigen. Ein seriöser Züchter stellt Ihnen Papiere für Ihre Rassenkatze bereit, zudem sind die Kitten bei Abgabe in der Regel bereits geimpft, gechippt und entwurmt. Die Chipnummer sollte Ihnen ebenfalls vom Züchter ausgehändigt werden, um diesen auf Ihren Namen zu registrieren.

Bevor Sie sich für den Kauf eines Kittens entscheiden, sollten Sie sich fragen, ob für Sie eventuell auch ein älteres Tier infrage kommt und vorab im örtlichen Tierheim nachfragen, ob dort eine Britisch Kurzhaar auf eine neue Familie wartet. Die Vierbeiner im Tierheim, auch reinrassige Katzen, haben meistens keine Chance, ihren Lebensabend glücklich in einer eigenen Familie zu erleben, und sitzen bis zum traurigen Ende in den kleinen Zellen. Eventuell können Sie als neuer Halter dafür sorgen, dass die im Tierheim sitzende Britisch Kurzhaar doch noch erleben kann, dass es auch schöne Momente im Leben gibt. Im Tierheim zahlen Sie eine Schutzgebühr von durchschnittlich 200 Euro. Die Preise variieren von Heim zu Heim.

KOSTEN DER GRUNDAUSSTATTUNG

Je nach Geschmack und Wohnungsgröße kommen hier Kosten in Höhe von durchschnittlich 150 bis 500 Euro auf Sie zu. Das meiste Geld werden Sie wohl in den Kratzbaum investieren müssen. Achten Sie darauf, dass der Kratzbaum auch genügend Platz für eine ausgewachsene Katze bietet. Haben Sie mehrere Katzen, so sollte der Kratzbaum entsprechend Platz bieten.

FUTTER UND KATZENSTREU

Während die Grundausstattung nur eventuell alle paar Jahre teilweise ausgetauscht werden muss, benötigen Sie monatlich frisches Futtermittel und Katzenstreu. Je nach Marke und Geschmack fallen hier pro Tier durchschnittlich 30 bis 80 Euro für das Futter an. Hat sich Ihre Katze auf eine Marke festgelegt, so kann es günstiger sein, das Futter in größerer Menge online zu bestellen.

Für Katzenstreu sollten Sie monatlich um die 10 Euro einplanen.

KRANKENVERSICHERUNG FÜR IHRE KATZE

Hier kommt es auf den Umfang der Versicherungsleistung an. Der jährliche Beitrag beträgt zwischen 180 und 300 Euro. Je nach Alter und Gesundheitszustand der Katze wird der Beitrag bei Abschluss einer Versicherung festgelegt. Der Leistungsumfang der Versicherung wird dabei selbstverständlich ebenfalls einberechnet. Ab einem Alter von ca. 8 Jahren verlangt die Versicherung meist ein Gesundheitsnachweis zum Vertragsschluss, welchen Sie bei Ihrem gewöhnlichen Tierarzt erhalten.

TIERARZTKOSTEN

Die jährlichen Kosten für Routineuntersuchung, Impfung, Wurmkur und Zeckenvorsorge betragen in der Regel ca. 150 Euro. Unvorhergesehene Verletzungen oder Operationen sollten eingeplant werden!

Die Grundimmunisierung (Erstimpfungen) der Katze wird mit durchschnittlich 160 bis 200 Euro abgerechnet. Die Gebühren für die Kastration eines Katers betragen durchschnittlich 90 Euro, für Katzen werden in der Regel 150 Euro berechnet.

Der Chip und das dazugehörige Einsetzen kosten ungefähr 30 bis 50 Euro.

Geheimtipps

Die Britisch Kurzhaar ist schon mit Kleinigkeiten zufrieden. Teures Spielzeug ist nicht immer unbedingt notwendig. Die größte Freude bereiten Sie Ihrem Liebling mit selbst gestaltetem Spielzeug. Hierzu gehören vor allem Kartons in jeglicher Größe und Form. Aus mehreren Kartons lässt sich mit wenigen Handgriffen bereits ein ansprechender Abenteuerspielplatz erstellen. Ihre BKH wird lange Freude daran haben und die Kartonage mit Ihren Krallen und Zähnen bearbeiten. Ein zusätzliches Kratzbrett rundet das Ganze ab.

Statt einer Angel oder eines Federstocks können Sie Ihrer Katze ein dünnes Ästchen aus dem heimischen Garten mitbringen. Neben dem aktivierenden Spiel kann Ihr Vierbeiner so auch neue Gerüche wahrnehmen. Katzen haben einen ausgeprägten Geruchssinn, welchen sie gern nutzen. Ungiftige Kleinigkeiten aus dem heimischen Garten oder auch Ihre eigene Kleidung nach einem Einkauf kann Ihrer BKH interessante Gerüche bieten. Das Schnuppern von Gerüchen ist vergleichbar mit Zeitung-Lesen. Auch das Schnuppern kostet Energie und beschäftigt Ihren Liebling.

Neben dem Zeitung-Lesen sieht auch Ihre Katze gern mal fern. Richten Sie einen bequemen Fensterbankplatz ein und erstellen auf gegenüber liegender Außenseite eine Vogelfutterstelle. So hat Ihre BKH die Möglichkeit, Vögel zu beobachten. Selbstverständlich sieht Ihre Katze aber auch gern den Nachbarn zu, auch Straßenverkehr oder Fußgänger können interessant sein. Eichhörnchen oder wackelnde Bäume sind ebenso gern gesehen wie fallende Schneeflocken oder vorbeilaufende Hunde.

Tun Sie sich selbst wie auch Ihrer Britisch Kurzhaar etwas Gutes und halten Sie ein gemütliches Mittagsschläfchen oder mummeln Sie sich gemeinsam auf die kuschelig-warme Couch. Die Britisch Kurzhaar ist

bekannt für ihre Gemütlichkeit und verbringt ihre Ru-
hezeiten am liebsten mit ihrem Halter.

Fazit

Sie sollten beachten, dass Ihre Katze wohl nicht das einzige Haustier in Ihrem Leben sein wird, aber für diese sind Sie die einzige Familie, die sie in ihrem Leben haben wird. Daher ist es ratsam, so viel wie möglich über Ihre Samtpfote in Erfahrung zu bringen, um ihr ein schönes und artgerechtes Leben zu gestalten.

Herstellung und Verlag:
BoD – Books on Demand, Norderstedt
ISBN: 9783755757207

© Alexander Wendland 2022
1. Auflage
Kontakt: Psiana eCom UG/ Berumer Str. 44/ 26844 Jemgum
Covergestaltung: Fenna Larsson
Coverfoto: depositphotos.com

FSC

www.fsc.org

MIX

Papier aus ver-
antwortungsvollen
Quellen
Paper from
responsible sources

FSC® C105338